Made in the USA
Monee, IL
22 August 2022

12183670R00065